CHAMPFLEURY

MONSIEUR TRINGLE

PREMIÈRE ÉDITION

PARIS

E. DENTU, ÉDITEUR
Libraire de la Société des Gens de lettres
PALAIS-ROYAL, 17 ET 19, GALERIE D'ORLÉANS

1866

MONSIEUR TRINGLE

Paris. — Imp. VALLÉE, 15, rue Breda.

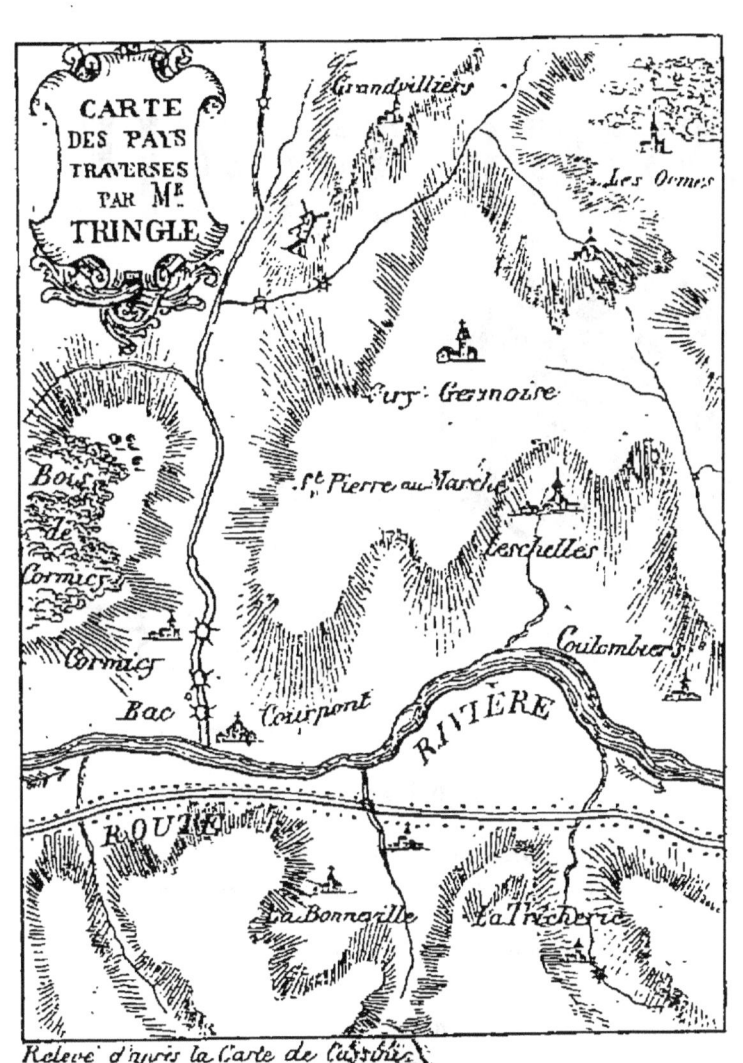

CHAMPFLEURY

MONSIEUR TRINGLE

AVEC UNE CARTE

THÉÂTRE DES ÉVÉNEMENTS

PARIS

E. DENTU, ÉDITEUR

LIBRAIRE DE LA SOCIÉTÉ DES GENS DE LETTRES

17-19, Palais-Royal, Galerie d'Orléans.

1866

Tous droits réservés

1866

A M. CHARLES DESMAZE

Conseiller à la Cour impériale de Paris.

L'endroit où fut composé ce conte, je devrais en donner une vignette, car les impressions extérieures jouent un si grand rôle dans l'art de l'écrivain qu'on comprend Buffon composant son Histoire Naturelle en habit de gala avec d'élégantes manchettes.

Mon système est autre. Une vive lumière, de la verdure, de grands arbres, l'isolement dans un pavillon élevé du haut duquel s'aperçoit la rivière, sont un des meilleurs excitants pour mon imagination.

Diverses œuvres ont été composées dans ces conditions, du printemps à l'été; celles-là seules m'ont laissé un vif contentement.

Surtout, le présent conte fut écrit avec une joie toute particulière, les fantoches qui y figurent venant m'éveiller chaque matin pour ajouter quelque détail à leur physionomie.

Un livre, c'est une famille dont les personnages sont les enfants; et ceux qui n'ont pas composé d'ouvrages d'imagination ne peuvent guère se rendre compte du plaisir qu'éprouve le conteur à faire connaissance plus intime de jour en jour avec les personnages qui se dessinent sous sa plume.

J'ai aimé certaines femmes de mes livres au point de les épouser si je les avais rencontrées dans la vie; je m'amusais des polissonneries des enfants qui se jouent dans quelques-uns de mes récits. Enfin tout ce petit monde fictif ne m'a laissé de tristesse qu'à mesure qu'il fallait le quitter pour en inventer un autre.

Voici le dernier venu dont je vous prie d'agréer la dédicace, croyant que tout ce qui est sorti gaîment de l'esprit d'un écrivain doit refléter sa propre gaîté dans l'esprit d'un bienveillant ami des lettres.

PRÉFACE

des six premières éditions.

S'il est quelques rares livres qui répondent aux sensations de la foule, se vendent à des milliers d'exemplaires, et portent sur la couverture le chiffre réjouissant mais fantastique de *vingt-cinquième édition,* combien d'autres font un chemin lent, couvrent à peine leurs frais d'impression, ne laissant à l'auteur pour consolation que de se croire un demi-siècle en avance sur la pensée du vulgaire.

C'est pourquoi certains écrivains, qui se soucient médiocrement de la gloire posthume, ont cherché à émoustiller le public en lui faisant croire que les oisifs et les esprits réfléchis, les grisettes et les grandes dames dévorent les moindres productions qui sortent de leurs plumes.

Ce procédé, je veux l'exposer dans tout son machiavélisme.

Préface

Quoique le présent Conte ne tienne guère que le dixième de la matière voulue, sans m'inquiéter si le blanc, les interlignes, les alinéas et les marges occupent une place qui eût pu être réservée à de spirituels détails, j'ai résolu que *Monsieur Tringle* seul remplirait le volume actuel.

Le public étant quelquefois rétif à la gaîté, j'active et fais flamber le Conte par six éditions spontanées pour commencer.

1° La première est tirée à deux cents exemplaires. La couverture est jaune.

2º Le titre de la couverture grise, imprimé à deux teintes, distingue la seconde édition.

3º Une *faute* typographique (que je signale aux bibliophiles) est intercalée à un certain endroit de la troisième édition.

4º La *faute* disparaît au quatrième tirage, et déjà, par ce seul fait, les véritables amateurs de livres sont obligés d'acheter quatre exemplaires de *Monsieur Tringle*.

Entre la quatrième et la cinquième édition il se fait un léger temps de repos. Quatre cents exemplaires restent en magasin; mais les commis, qui ont le mot, répandent dans la librairie le bruit que le volume ayant été *emlevé*, un délai de quelques jours est néces saire pour un nouveau tirage.

5º Les presses se reposent, ce qui n'empêche pas le livre de reparaître avec ces mots em gros caractères sur la couverture rose : *Cinquième édition.*

6º Une eau-forte représentant *Monsieur Tringle* dans la boutique du perruquier orne la siixième édition ; mais l'auteur, mécontent de la pauvre interprétation du dessinateur (il y en a si peu aujourd'hui qui aient le sens du comique), ouvre un concours pour l'illustration de son œuvre.

Par une bande imprimée, jointe à la livraison du mois de juillet de la *Société des Aquafortistes*, MM. Cadart et Luquet lancent l'avis suivant :

Un concours est ouvert pour l'illustration de la septième édition de Monsieur Tringle.

Préface

Les artistes qui désirent concourir à l'illustration de cet ouvrage devront envoyer deux eaux-fortes ou deux dessins à la plume :

L'un représentant monsieur Tringle se présentant chez madame Brcu en costume de diable. (Voir page 42.)

L'autre monsieur Tringle, cramponné au taureau, traversant les villages épouvantés. (Voir page 126.)

Il est recommandé aux artistes de se préoc-

cuper particulièrement de la physionomie des personnages.

Le décor ne doit pas primer sur les acteurs du drame.

La simplicité du dessin sera déjà un titre et le ragoût un défaut.

Les motifs à rendre (l'intérieur de petite ville, les arbres couverts de givre, le chien furieux, etc.) ne peuvent dans aucun cas, prévaloir sur l'intérêt attaché à la personne du héros principal.

Quoique la gamme des diverses passions qui se jouent sur le masque humain soit difficile à solfier, c'est dans les détails de physionomie que doivent se concentrer les efforts de l'artiste et non dans un faux et vain pittoresque.

Les dessins ou épreuves, qui restent acquis au concours, seront exposés dans les magasins de MM. Cadart et Luquet, et jugés par un jury de spirituels amis du vrai.

Ce concours, presqu'aussi intéressant que celui décrété par les conseils municipaux pour une statue de militaire, est publié par les journaux, et pousse nécessairement à la vente, le public se disant que pour qu'il y ait concours, il doit s'agir d'un monument.

Monsieur Tringle passe à l'état de *monument*.

Cependant la critique a jeté un coup d'œil vert à ce *Monsieur Tringle* qui excite tant de rumeurs.

Sachant que rien ne saurait détruire l'affabulation basée sur un fait acquis à l'histoire, elle tourne, inquiète, autour du monument, en cherchant les fissures.

La critique regrette le temps où l'auteur se livrait à des compositions de plus longue haleine.

Elle pose la grave question de la moralité dans l'art.

Monsieur Tringle est déclaré immoral en ce sens que le récit de ses aventures ne hâte pas les progrès de l'humanité.

Les partisans du droit divin hésitent à compter *Monsieur Tringle* comme une recrue.

Un critique utilitaire déclare que l'ouvrage manque de poids et s'irrite qu'un romancier ose être comique dans une époque vouée à l'industrie.

On jette à la tête de l'auteur un plein panier rempli :

Des *Souvenirs des Funambules*,

De morceaux de l'*Art pour l'art*,

L'abus de la farce quand même.

Monsieur Tringle arrive à sa dixième édition!

Alors se présente un magnifique éditeur qui tire vingt billets de banque pour exploiter pendant vingt ans *Monsieur Tringle* et le mettre sous toutes les formes, dans les mains :

Du peuple,

Des gens du monde,

Des enfants,

Des grandes personnes.

Le conteur, qui n'a jamais vu vingt mille francs sortir de la poche de l'éditeur qui témoigne le plus de sympathies pour ses études, accepte le marché avec joie.

L'annonce du contrat parvient aux oreilles du public qui le grossit à sa manière et ne s'arrête qu'à cent mille francs.

Les auteurs des *Mémoires de Léotard,*

Les bas-bleus qui écrivent les *Mémoires d'une femme de chambre,*

Les penseurs qui ont consacré leurs veilles aux *Mémoires de mademoiselle Thérésa,*

Les dames qui avouent en public leurs *Amants de carton,*

Les graves historiens des *Maîtresses de Henri IV,*

Ceux qui chantent le règne des reines Cotillon, sont consternés.

***

xx Préface

Cent mille francs *Monsieur Tringle!*

Le bruit s'en répand à la ville et à la cour.

On se dit qu'un scandale est caché au fond de ce conte.

Certainement l'auteur a voulu peindre quelque personnage considérable.

Monsieur Tringle serait-il un symbole?

Trois cents yeux inquiets fouillent de nouveau entre les lignes du livre. Cent cinquante visages pâles sortent de cette lecture, n'ayant pas découvert le secret.

Sans s'inquiéter de telles rumeurs, le conteur, qui a secoué la poussière de Paris, se délasse en quelque coin de ses fatigues.

Il connaît de plus verts sentiers que le boulevard des Italiens, et déjeune avec plus d'appétit dans une auberge au bord d'une rivière qu'à la Maison d'Or.

Fier de n'avoir donné dans *Monsieur Tringle* de gages à aucun parti, le cœur content, il fuit l'encrier, la table de travail, les parlottes esthétiques et s'il récite : *Deus nobis hæc otia fecit*, c'est en pensant au dieu Public qui lui donne ces loisirs.

CHAMPFLEURY.

Château de Beauchêne, septembre 1865.

CHAPITRE I*er*

Projets et méditations de monsieur Tringle.

CHAPITRE Ier

Projets et méditations de M. Tringle.

Jamais homme ne fut plus heureux que M. Tringle le jour où il reçut une invitation pour le bal travesti donné par la famille Brou.

Tout d'abord M. Tringle résolut de s'habiller en diable.

Singulière idée pour un célibataire qui avait l'aspect habituel d'un parapluie dans son fourreau.

Il est vrai qu'un mois avant l'annonce de ce bal, M. Tringle avait aperçu, pendant à la croisée du perruquier Chabre, un étrange costume de diable noir et rouge, avec une perruque ébouriffée et une longue queue frétillante qui devait produire (du moins il le parut ainsi à M. Tringle) un effet surprenant dans un quadrille.

Non pas que M. Tringle fût un beau danseur. Jusque-là, sa place dans les soirées était marquée à une table où les principaux fonctionnaires de la ville des Ilettes jouaient à la bête ombrée ; mais M. Tringle avait pensé que cette queue frétillante, en même temps qu'elle l'exempterait du jeu, trémousserait assez par elle-même pour lutter avec le talent des danseurs en renom.

Tout un avenir de bonheur se rattachait à ce costume de diable, car depuis quelque temps M. Tringle gémissait en secret sur son état de vieux garçon, et ne demandait qu'à partager ses trois mille francs de revenus avec une jeune fille qui lui en apporterait au moins le double.

Et, comme Mlle Brou parut offrir au célibataire les qualités qu'il attendait d'une compagne, c'est-à-dire six mille livres de rente, plus d'une fois, en passant devant la boutique du perruquier, M. Tringle admira, voltigeant au vent, le costume de diable qui devait le poser dans le monde.

— Qu'on doit être léger sous ce costume ! pensait M. Tringle, regrettant de n'avoir pas assoupli ses jambes dans sa jeunesse.

A la faveur d'un quadrille, il espérait s'entretenir avec Mlle Brou, faire parade de galanterie, se montrer plein d'attention pendant le cotillon, et subjuguer le cœur de la jeune fille par des prouesses de danse d'autant plus remarquables qu'on n'y était pas habitué.

A peine le célibataire entrait il dans le salon des Brou, qu'il était accaparé par les joueurs :

— Nous allons organiser une bête

-ombrée, voilà M. Tringle, s'écriait la maîtresse de la maison.

En même temps on entendait la voix glapissante d'une vieille douairière, joueuse enragée :

—Monsieur Tringle, monsieur Tringle, monsieur Tringle !

M. Tringle n'avait pas déposé son chapeau qu'un certain M. Paf, capitaine dans la garde nationale, assis à la table de jeu, s'écriait, comme s'il eût fait l'appel des hommes de sa compagnie :

— Tringle !

— Allons, cher monsieur Tringle, chacun vous réclame, disait Mme Brou en poussant familièrement le célibataire du côté du fastidieux tapis vert.

Ces raisons et bien d'autres militèrent en faveur du costume de diable; cependant M. Tringle n'osa s'ouvrir de son projet à la vieille servante, qui depuis dix-huit ans dirigeait son ménage.

Comment Thérèse accueillerait-elle l'idée de voir son maître travesti de la sorte? Nécessairement elle trouverait mille objections; peut-être, pressentirait-elle que sous ce costume

M. Tringle cachait l'intention de se rapprocher de Mlle Brou, de lui avouer sa flamme, et postérieurement de l'amener dans la rue Tirelire en qualité de maîtresse de maison.

Thérèse, qui gouvernait à son gré le célibataire, n'eût-elle pas alors mis tout en œuvre pour faire échouer ce projet ?

Ils sont rares les vieux garçons qui, pour échapper aux chaînes du mariage, n'ont pas leur vie prise dans des liens mille fois plus assujétissants.

Un quart d'heure en retard valait à M. Tringle des commentaires sans nombre de Thérèse, sur l'événement extraordinaire qui avait fait rester le pot-au-feu quinze minutes de plus sur le fourneau.

Quelles imaginations s'empareraient de la gouvernante à l'annonce de la soirée !

M. Tringle, contre son habitude, resta muet ; mais les petites langues de feu qui s'échappaient de son foyer le soir et qu'on dit annoncer *une nouvelle*, lui remettaient sans cesse en mémoire la dot qui brillait à l'horizon.

Des suites du bal travesti découlait

la conquête de cette dot. Et comme les désirs concentrés sont ceux auxquels s'accrochent les plus longues racines, le célibataire s'endormit rarement sans rêver au 8 février, époque à laquelle Mme Brou donnait sa fameuse soirée.

CHAPITRE II

*De l'entretien
qui eut lieu chez le perruquier Chabre
et de ce qui s'ensuivit.*

CHAPITRE II

De l'entretien qui eut lieu chez le perruquier Chabre et de ce qui s'ensuivit.

Le 8 février étant arrivé, M. Tringle entra mystérieusement le soir dans l'arrière boutique du perruquier Chabre, souriant de la bonne plaisanterie qu'il avait imaginée.

—Vous costumerez-vous, monsieur Tringle? avaient demandé huit jours auparavant les dames Brou.

—Ma santé délicate s'y oppose, vous le savez, mesdames.

Et il était sorti avec un sourire vraiment diabolique, défiant quiconque de le reconnaître sous le travestissement qu'il méditait.

— Que dites-vous de ceci, monsieur Tringle? lui demanda non sans orgueil le perruquier Chabre en lui présentant une sorte de manchon effaré.

M. Tringle considéra longuement le bizarre objet.

— C'est votre perruque... Ah ! vous serez impayable là-dessous.

— Impayable, oui, il faut l'espérer, dit M. Tringle, regardant avec stupéfaction un agencement de peaux de chats et de peaux de lapins dans les poils desquels le perruquier donnait de frénétiques coups de peigne.

— Ainsi coiffé, M. Tringle, vous devez enlever tous les suffrages de la soirée.

— Le croyez-vous vraiment, monsieur Chabre ? Je n'en étais pas certain, mais puisqu'un homme de votre compétence l'affirme...

2.

— Non, jamais aux Ilettes on n'aura vu de plus admirable travestissement.

— Vous connaissez, sans doute, monsieur Chabre, quelques-uns des costumes de la soirée?

— Ne me parlez pas des bourgeois des Ilettes! dit le perruquier Chabre, qui était natif d'Agen. Des avares, des liardeurs, des pingres, des panas! Il n'y a que vous, jusqu'à présent, M. Tringle, qui ayez loué un costume pour la soirée.

— Allons, tout va bien! s'écria avec joie le célibataire.

— Aussi chacun reconnaîtra que vous vous êtes mis en frais.

— En frais ! pensa l'économe Tringle. Au fait, combien me prendrez-vous pour la location ?

— Ce diable a coûté fort cher à établir dans le temps, et je ne me chargerais pas de le faire confectionner pour cent écus... Vous allez voir comme vous serez à l'aise dedans, quoique ce soit un collant. L'homme le mieux bâti n'y perd aucun de ses avantages physiques...

— Mais le prix ? demanda M. Tringle.

— Pour six francs, vous en verrez la farce.

— Six francs! s'écria M. Tringle.

— C'est le costume le plus gracieux de mon magasin, et il serait usé depuis longtemps si je voulais le louer à nos jeunes gens pour le mardi gras, aussi je ne le confie qu'à des personnes dont je connais le caractère...

— Vous savez, monsieur Chabre, qui je suis.

— Je ne parle pas pour vous, monsieur Tringle... Un homme de votre âge, bien posé, s'amuse décemment ; mais ce genre de costume exige tant de ménagements...

— Quels ménagements? demanda M. Tringle.

— Le rouge est une couleur si délicate ; autant de gouttes de punch, autant de taches.

— J'ai horreur des taches, dit le célibataire.

— On le voit à vos effets, monsieur Tringle ; c'est pourquoi je n'ai pas besoin de vous recommander de veiller aux rafraîchissements.

Après ces avis, M. Tringle passa dans la chambre à coucher du perruquier et se coula dans la culotte, qui tout d'abord le mit en gaieté, car la longue queue, formée d'une sorte de souple fil d'archal, tantôt aiguillonnait ses jambes, tantôt lui caressait le dos.

Ainsi vêtu, M. Tringle s'amusait comme un jeune chat des comédies de sa queue. Personne, en effet, n'eût reconnu à ces attitudes le célibataire qui ne se reconnaissait plus lui-même, une agilité sans pareille traversant tous ses membres.

Quand M. Tringle sentit la chaleur de la perruque pénétrer son crâne, et qu'en face de la glace que lui présentait le perruquier donnant un dernier coup de peigne dans les poils de chat ébouriffés, le célibataire prit des airs penchés et secoua la tête afin de voir quel rôle la perruque était appelée à jouer. Chabre ajouta à ces admirations en bouchonnant les sourcils de M. Tringle et en leur onnant l'étrange aspect d'un accent circonflexe.

De maigres crins de balayettes ayant été ajoutés à l'honnête physionomie .e M. Tringle, ce fut alors qu'il se econnut pour un masque triomphant qui devait enlever le cœur de Mlle Brou.

— Vous êtes à peindre, dit Chabre en bouclant le costume de telle sorte que M. Tringle se sentait la légèreté de la plume.

Enthousiasmé, le célibataire essaya une gambade devant le miroir.

— C'est à ravir, reprit le perruquier.

— Monsieur Chabre, vous voulez me flatter.

— De la légèreté, de la souplesse, de la distinction sont choses trop rares parmi nos messieurs d'aujourd'hui pour que je n'y applaudisse pas.

M. Tringle sauta de joie à la hauteur du comptoir.

— Un peu de prudence, monsieur Tringle : je vous recommande de ne pas trop écarter les jambes, à cause du collant. Le noir brûle l'étoffe; mais en dansant avec précaution, il n'arrivera pas malheur de ce côté.

De nouveau, M. Tringle tenta quelques entrechats mélangés d'agréables pirouettes.

— Qui croirait qu'un homme habituellement réservé dans ses manières peut être aussi gai? s'écriait Chabre.

M. Tringle n'écoutait plus. L'orgueil d'apparaître dans son costume chez les Brou, l'entraînait au dehors.

— Votre manteau, monsieur Tringle, cria le perruquier. Il fait froid, je vous avertis.

Mais déjà le célibataire bondissait par les rues, faisant en plein air la répétition d'un pas de diable qu'il venait d'imaginer.

CHAPITRE III

*Bizarre conduite de monsieur Tringle
en pleine rue.*

CHAPITRE III

*Bizarre conduite de M. Tringle
en pleine rue.*

La bise soufflait, les girouettes grinçaient des dents sur les toits, et un cœur en tôle qui servait d'enseigne à un marchand de tabac gémissait d'être battu par les vents.

Qui le croirait ? M. Tringle grimpa sur une borne, enleva le cœur de tôle et le jeta par-dessus les murs du couvent des Dames de la Providence.

M. Tringle était entré au naturel dans son rôle de diable.

Un matou sortait tranquille d'un soupirail, se rendant à l'invitation d'une chatte qui voulait bien le recevoir sur un toit voisin. M. Tringle lui barra le passage, se tenant immobile devant lui, comme s'il eût voulu magnétiser ces grands yeux verts; mais le matou échappa par un crochet, et M. Tringle se mit à sa poursuite en poussant plusieurs terribles *Ah ! chat !* de nature à troubler le repos des habitants de la cité.

Un brave savetier possédait depuis des temps immémoriaux une vieille statue en bois de saint Crépin, sous le patronnage duquel était placée sa boutique. M. Tringle, ne pouvant parvenir à desceller le père des cordonniers de sa niche, cassa la tête de saint Crépin, un martyr ! et la jeta à la tête du matou.

Étranges effets d'un costume de diable !

Le coutelier-repasseur de la ville

tient en même temps des instruments d'optique : de grandes lunettes à verres de couleur servent d'enseigne à son commerce. M. Tringle décrocha les grandes lunettes et les fracassa contre un mur.

A cette heure il ne respectait rien, pas même les panonceaux dorés du notaire, qu'il jeta dans une cave voisine, après avoir foulé aux pieds les emblèmes de la loi.

Une lanterne allumée à la porte du commissaire témoignait des yeux toujours ouverts de la police, M. Tringle s'empara de la lanterne et l'envoya tenir compagnie aux panonceaux du notaire.

. Le criminel le plus éhonté eût hésité à enlever cet emblème du gardien de l'ordre dans la cité des Ilettes.

Sans remords, M. Tringle commit ce nouveau méfait.

Le quartier étant plongé dans l'obscurité, le célibataire s'attaqua aux sonnettes et aux marteaux des portes des principaux fonctionnaires de la ville, comme s'il eût voulu braver les personnages les plus importants du pays.

On eût à peine pardonné de tels

excès à un ivrogne ; M. Tringle semblait grisé par son costume.

A l'aide de la corde du puits communal, qu'il enleva aux embrassements de la poulie, M. Tringle brisa une longue arquebuse en bois qui faisait l'admiration des paysans devant la boutique du principal armurier de la ville.

Il arracha la cocarde d'or d'un grand chapeau à cornes rouge qu'il ne put desceller de la devanture d'un chapelier.

Ce ne fut qu'après de vains efforts que M. Tringle abandonna un tableau représentant deux enfants nichés dans le cœur d'un chou, qui indiquait que là résidait une maîtresse sage-femme recevant des pensionnaires. Et pourtant, de sang-froid, M. Tringle n'eût pas troublé cette maison, craignant que les dames pensionnaires ne l'aperçussent et ne communiquassent à leur fruit un aspect diabolique.

Ce que M. Tringle causa de dégâts en se rendant à la maison Brou, fut immense.

Volets, grands cuviers, persiennes, seaux, cabriolets remisés, il renversa tout sur son passage, et ce fudans un état de surexcitation fiévreuse qu'il arriva à la soirée, ayant retrouvé dans ces déprédations une agilité endormie depuis bien des années.

CHAPITRE IV

La soirée de Madame Brou.

CHAPITRE IV

La soirée de madame Brou.

Plein d'ivresse, M. Tringle enfila le corridor qui conduit au premier étage de la maison habitée par les Brou, se demandant de quelle façon il entrerait. Devait-il apparaître la tête en bas, les jambes en l'air, ou se présenter avec une exquise politesse, en galant chevalier français ?

M. Tringle s'abandonna à l'inspiration du moment; ayant modéré ses frénésies, qui faisaient un ennemi de chaque sonnette qu'il avait rencontrée sur son chemin, discrètement il tira le cordon.

Un bruit léger se fit entendre à l'intérieur, et Mlle Brou elle-même vint ouvrir la porte.

— Mademoiselle.., dit M. Tringle, se ployant en deux de telle sorte que sa queue en trompette, comme il se dit familièrement, se mit en frais de politesses frétillantes !

La physionomie de Mlle Brou ne laissait paraître d'habitude que de rares impressions, et offrait quelque ressemblance avec les poupées des marchandes de modes, assistant dans leur vitrine au passage d'un bataillon de cavalerie. Aussi parut-elle démesurément étonnée.

— Madame votre mère se porte bien ? reprit M. Tringle qui redoubla d'affabilité.

En même temps, M. Tringle entra dans le vestibule et se trouva sur le seuil de la salle à manger, où Mme Brou, entourée d'étoffes, était assise près d'une table éclairée par une lampe.

Non sans dépit M. Tringle se dit :

— Je suis arrivé trop tôt.

Toutefois, il n'en salua pas moins respectueusement Mme Brou qui, laissant couler un regard de côté sous ses conserves, regardait avec des lèvres pincées l'être bizarre qui sollicitait la faveur de déposer ses hommages à ses pieds.

Mlle Brou s'était assise près de sa mère, et les deux dames se communiquaient leurs muettes impressions avec des regards si étonnés, que M. Tringle crut d'abord qu'un accroc avait détérioré le brillant costume de diable pendant ses folies à travers les rues.

Un certain silence succéda à cette fâcheuse arrivée, M. Tringle se gendarmant d'être arrivé si tôt.

— Pardon, monsieur, dit Mme Brou, faisant de visibles efforts pour engager la conversation.

— Madame...

Embarrassé, M. Tringle n'en dit pas davantage. Les yeux baissés, il sentait les regards de Mme Brou le parcourir des pieds à la tête, depuis les griffes jusqu'à la perruque. Inquiet comme un soldat devant un officier sévère, il se demandait :

— Suis-je irréprochable?

Mme Brou ayant encore une fois regardé sa fille, comme pour prendre conseil avant d'ouvrir le feu :

— Je ne vous remets pas au premier coup d'œil, monsieur, dit-elle.

Ce qui entraîna M. Tringle à des éclats de rire considérables.

Son effet était obtenu !

Mais le célibataire s'aperçut que

Mme Brou ne goûtait pas cette gaie humeur.

Les lèvres des dames se pinçaient. D'un signe plein de noblesse, Mme Brou fit signe à sa fille de se tenir droite.

On eût dit des juges allant rendre leur arrêt.

— Eh quoi! mesdames, ne me reconnaissez-vous pas? demanda M. Tringle fier de son déguisement.

Encore une fois le célibataire passa sous la toise de regards perçants, et un nouveau silence succéda à cette singulière présentation, pendant laquelle les ciseaux de la mère et de la fille faisaient de grands *crac-crac* dans les étoffes.

— Ces dames sont en retard pour leurs costumes ? se hasarda à dire M. Tringle.

Mais comme on ne lui répondait pas, une pointe de mauvaise humeur s'empara du célibataire, qui pensa qu'en ces sortes de fêtes l'heure devait être mise au bas des lettres d'invitation.

Les moustaches gommées, commençant à tirer la peau des joues et des lèvres, donnaient à M. Tringle de furieuses envies de se gratter; en même temps des gouttes de sueur produites par l'épaisseur de la perruque descendaient silencieusement sur l'accent circonflexe des sourcils, s'arrêtaient au bord des cils, tombaient sur le fard des joues et inquiétaient M. Tringle, qui n'osait se regarder dans la glace, craignant que l'harmonie de sa physionomie ne fût détruite.

— Il fait bien bon chez vous, mesdames, se hasarda-t-il à dire.

Intérieurement le célibataire espérait goûter aux rafraîchissements de la soirée, car les exercices de la route l'avaient altéré outre mesure.

Les dames Brou ne parurent pas comprendre cette demande, laissant M. Tringle étonné de la tranquillité de la maîtresse de la maison qui, à cette heure, aurait dû préparer les gâteaux, le sirop et le punch.

Aucune odeur n'arrivait de l'extérieur. Certainement le punch ne chantait pas à l'office dans la bouilloire.

—Si encore quelque masque entrait! se disait M. Tringle. Un costume nouveau détournerait de moi ces terribles regards.

Mais les invités ne se pressaient pas!

Lentement, lentement, le balancier de la pendule annonçait l'insaisissable destruction d'une minute par une autre.

M. Tringle tenta de ranimer la conversation :

— On dit partout, madame, que votre bal sera on ne peut plus brillant.

Encore une fois les ciseaux s'arrêtèrent, et Mme Brou jeta de nouveau un long regard sur M. Tringle, des pieds à la tête.

— Certainement, pensa le célibataire, quelque accroc malséant se fait remarquer sur ma personne.

De ses griffes, car le maillot se prolongeait jusqu'au bout des doigts, M. Tringle se palpa, désespéré de n'avoir pas un plus vif sentiment du toucher.

— Ces dames terminent leur costume, sans doute ? dit-il.

Malgré les morsures des ciseaux qui se jetaient sur l'étoffe avec l'avidité d'un brochet, le célibataire se demandait à quelle heure avancée de la nuit ces étoffes seraient cousues. Et comme il manifestait son regret de ne pouvoir déjà admirer les dames dans tout le déploiement de leur costume :

— A quoi bon nous habiller huit jours avant le bal, dit Mlle Brou.

— Huit jours avant le bal? s'écria M. Tringle, grand Dieu !

— Nous ne sommes pas invitées à la soirée où vous vous rendez, monsieur, dit Mme Brou qui alluma une bougie et se leva pour indiquer au mauvais plaisant que sa visite s'était déjà trop longtemps prolongée.

— Le bal n'a-t-il pas lieu aujourd'hui? reprit le célibataire d'une voix altérée.

— J'ai eu l'honneur de vous dire, monsieur, que notre salon ouvrira le 18 de ce mois.

M. Tringle bondit sur sa chaise.

— Le 18 ! s'écria-t-il. La lettre d'invitation portait le 8 février. Ah ! pauvre Tringle !

— Comment, demanda Mme Brou, vous seriez M. Tringle ?

Mais c'était au tour du célibataire de ne plus répondre. La perruque plongée dans les mains, il pensait à la sotte entrée qu'il avait faite dans la maison.

— Fâcheux contre-temps, monsieur Tringle ! disait Mme Brou. Je me demandais aussi quelle étrange idée poussait un inconnu à nous rendre visite dans ce costume...

M. Tringle n'écoutait plus ; son front ruisselait de sueur. De quel ridicule ne se couvrait-il pas vis-à-vis de Mlle Brou dont la physionomie si calme d'habitude, prenait des teintes de raillerie !

S'habiller en diable huit jours avant un bal, cela ne s'était jamais vu. Un déguisement si bizarre pouvait-il se porter deux fois ?

Et cette queue sur les agaceries de laquelle M. Tringle comptait, il faisait maintenant mille efforts pour la dissimuler derrière le fauteuil; mais il n'y parvenait qu'avec peine, tant le ressort était souple. Au moindre mouvement, la houpette qui la terminait apparaissait sur les bras du fauteuil, tantôt d'un côté, tantôt d'un autre.

CHAPITRE V

Aménités des dames Brou.

CHAPITRE V

Aménités des dames Brou.

Le sentiment qu'un être possède de sa situation ridicule est de ceux qui paralysent les plus heureuses facultés. M. Tringle en était arrivé à s'asseoir comme un solliciteur,

tout à fait sur le bord du fauteuil.

— Le perruquier aurait au moins dû vous prévenir, monsieur Tringle, qu'il n'y avait pas de soirée aujourd'hui chez moi, et que je n'avais pas pour habitude de recevoir un vendredi.

M. Tringle, quoique accablé, sentit que Mme Brou lui reprochait son indiscrète visite ; mais la honte le clouait sur le fauteuil et l'empêchait de prendre congé des dames.

— En effet, dit M. Tringle, M. Chabre m'avait annoncé que personne ne s'était fourni de costumes dans son magasin.

— Loue-t-on des costumes chez ce perruquier? ajouta Mlle Brou d'un ton dédaigneux.

— Chabre vous a joué un mauvais tour, monsieur Tringle, reprit Mme Brou.

— Il voulait enfin placer un costume accroché depuis tant d'années à sa fenêtre, répliqua Mlle Brou.

Ainsi Mlle Brou méprisait le costume de diable!

— Il y a bien trente ans que je vois ce diable pendu au premier étage de Chabre, dit Mme Brou.

— L'a-t-on décroché pour vous ? demanda malicieusement Mlle Brou.

— C'est une indignité que d'affubler un honnête homme d'un pareil nid à poussière ! dit la mère.

— J'ai vu un jour des hirondelles s'envoler du fond du pantalon, continua méchamment Mlle Brou ; certainement elles y faisaient leur nid.

— S'il n'y avait que des hirondelles, ajouta Mme Brou ; mais des moisissures et d'horribles toiles d'araignée !

M. Tringle tressauta ; il sentait des fourmillements par tout le corps et les blessures faites à son amour-propre étaient tellement considérables qu'il eût pris en haine les deux dames, si les six mille livres de rente de Mlle Brou n'eussent pallié ces sarcasmes.

— Pourquoi ne nous avoir pas consultées, monsieur Tringle, sur le choix de votre travestissement ?

— Je croyais, madame, que ce costume obtiendrait quelque succès.

— Oh ! fit dédaigneusement mademoiselle Brou.

— Vous avez encore huit jours devant vous, reprit Mme Brou... Nous organisons un bal Louis XIII... Tenez, voici du jaconas dans lequel ma fille et moi taillons des costumes de marquise... Ce sera très-distingué.. L'époque Louis XIII est féconde en costumes... A votre place, monsieur Tringle, je chercherais dans les costumes Louis XIII.

— Un diable Louis XIII ! s'écria M. Tringle.

— Non, non, plus de diable... Vous seriez beaucoup mieux en seigneur.

CHAPITRE VI

Quel effet le déguisement de monsieur Tringle produisit sur monsieur Brou.

CHAPITRE VI

*Quel effet le déguisement de M. Tringle
produisit sur M. Brou.*

En ce moment on sonna à la porte et M. Brou entra.

— Qu'est-ce que cela? dit-il en faisant le tour de M. Tringle.

— Monsieur Brou, dit sa femme,

c'est ce pauvre M. Tringle qui s'est imaginé que notre bal costumé se donnait aujourd'hui.

— Tringle en diable! s'écria monsieur Brou... Mais personne ne vous reconnaîtrait en pareil équipage, mon cher... Allons, levez-vous, qu'on vous voie.

— Dispensez-m'en, je vous en prie, disait M. Tringle, vissé sur son fauteuil.

— Comment, vous ne voulez pas qu'on vous admire sur toutes les faces?

De la main M. Tringle faisait signe

qu'on le dispensât de cette exhibition.

— Vous semblez gêné là-dedans, monsieur Tringle, disait Mme Brou continuant son examen.

La pendule sonna minuit.

— Madame Brou, il est temps de te coucher, dit le mari.

C'était une façon de prévenir monsieur Tringle de l'heure du départ ; alors le célibataire regretta d'avoir laissé chez le perruquier son manteau qui lui eût servi à dissimuler la queue malencontreuse. Ayant fait mille excuses aux dames, M. Tringle sortit de l'appartement à reculons, cherchant à cacher sa queue qui toujours sautillait et ne s'associait pas à sa mélancolie.

Dans le corridor, M. Brou prit une mine grave.

— Monsieur Tringle, dit-il, je ne suis pas dupe de vos contes. On ne vient pas en soirée le 8 février quand on est invité pour le 18... J'ai fait assez de chiffres en ma qualité de comptable à la recette pour en connaître la valeur... Je ne me suis jamais trompé dans mes écritures... Ma fille, monsieur, est à marier, vous ne l'ignorez pas, et il est peu convenable de se présenter sous un tel costume auprès d'une jeune fille, même protégée par l'aile de sa mère... Aussitôt entré vous deviez réparer cette erreur en vous retirant.

M. Tringle tenta d'ouvrir la bouche pour se défendre ; mais M. Brou n'avait pas terminé son discours. D'un geste il imposa silence au célibataire et continua :

— Vous avez osé rester près de trois heures assis à mon foyer, sans craindre le ridicule d'un costume qui prouve médiocrement en faveur de la noblesse de vos sentiments ! Je ne vous dis pas au revoir, monsieur, espérant que vous comprendrez combien serait déplacée votre présence à ma prochaine soirée.

Après avoir ainsi parlé, M. Brou ouvrit la porte et la referma avec fracas sur M. Tringle atterré.

CHAPITRE VII

Ce qui se passa sur le palier de monsieur Brou.

CHAPITRE VII

Ce qui se passa sur le palier de M. Brou.

Les philosophes de toutes les nations sont d'accord pour témoigner qu'un malheur n'arrive jamais seul.

Quel ne fut pas l'émoi de M. Tringle quand, voulant descendre l'escalier, il se sentit arrêté par le dos.

Sa queue de diable était prise dans la porte !

Dans la porte d'une maison d'où M. Tringle venait d'être congédié !

Tout d'abord, l'idée de sonner vint au célibataire ; mais il fallait se représenter une fois de plus en face d'un homme irrité, qui ne semblait pas goûter les plaisanteries.

Une demi-heure d'anéantissement avait succédé à la fermeture de la porte. Les dames étaient certainement couchées, et sans doute aussi le sévère M. Brou.

De quels brocards serait ncessamment poursuivi M. Tringle dans la ville si les plaisants avaient connaissance de cette désagréable aventure!

— Le mieux, pensa le célibataire, serait de me débarrasser de cette maudite queue en la coupant.

Mais M. Tringle n'avait ni couteau ni canif dans son collant.

Un prisonnier qui a combiné une fuite dans de longues heures de détention, et se trouve tout à coup en face d'obstacles impossibles à franchir, n'est pas plus atterré que M. Tringle ; car le célibataire, d'une imagination peu féconde en ressources, avait mené jusque-là une vie calme, où les émotions et les accidents tenaient une place médiocre.

Si encore un locataire du second étage était rentré, M. Tringle l'eût supplié de lui prêter assistance ! Mais le logement au-dessus de la famille Brou était occupé par une vieille dame qui se couchait régulièrement à la tombée de la nuit.

Vers une heure du matin M. Tringle sentit le froid le gagner, quoiqu'il s'agitât en tous sens, avec assez de précaution toutefois, pour ne pas réveiller la famille Brou.

Combien Chabre, le perruquier, avait été calomnié ! Si le costume eût été aussi délabré que l'affirmaient les dames Brou, certainement, à la suite de ces efforts, la queue ne fût pas restée attachée si solidement au fond de la culotte.

A deux heures du matin le froid augmenta. La mince étoffe du costume donnait passage à douze degrés pour le moins, qui s'introduisaient dans le collant et glaçaient le sang du malheureux Tringle.

Au risque d'être anathématisé par M. Brou, M. Tringle se dit : Je vais sonner.

Vaguement, pendant un quart d'heure, il étendit à tâtons les mains dans les moulures du chambranle de la porte, sans pouvoir saisir le cordon de sonnette, que pourtant il se rappelait exister à sa gauche; mais la queue étant prise presque à ras ne laissait pas aux bras assez d'espace pour atteindre la sonnette.

— J'en ai trop cassé dans la ville,

pensa M. Tringle ; je suis puni par où j'ai péché.

A cette heure, M. Tringle, quoiqu'il fût de nature peu dépensière, eut volontiers donné vingt sous par tête de sonnettes qu'il avait si méchamment détruites en se rendant chez les Brou.

Des remords tardifs s'emparaient de M. Tringle; pourtant, plein d'anxiété, le célibataire se demandait si un moment de surexcitation fiévreuse devait être payé par de telles tortures.

Comme la Providence jette parfois un regard de pitié sur ceux qui se repentent, M. Tringle ayant tout à coup frotté son dos contre la porte pour s'échauffer, s'aperçut que le bouton de cuivre faisait un imperceptible mouvement.

Un rayon de lumière qui luit au fond de catacombes où un malheureux s'est égaré, n'est pas accueilli avec plus de joie.

Se tournant de profil autant que sa queue le lui permettait, M. Tringle saisit de la main le bouton de la porte et reconnut qu'il n'était que vissé dans l'épaisseur du bois; mais quand après maints efforts, le célibataire se rendit maître du bouton de cuivre, il jugea qu'il lui servirait médiocrement pour ouvrir la porte et dégager la queue!

En palpant le bouton de cuivre, une idée vint à M. Tringle. Il se dit qu'à l'aide de la spirale de la vis il pourrait scier cette queue malencontreuse qui l'attachait, comme Prométhée, à un rocher ridicule.

Les recommandations de Chabre à propos du fameux costume lui revinrent bien un instant à l'esprit; mais la joie d'une délivrance prochaine fut si grande, que M. Tringle, sans s'in quiéter de ce qu'en penserait le perruquier, ayant laissé dans la porte de M. Brou la majeure partie de sa queue, descendit précipitamment les escaliers, songeant à son lit bien bordé, dans lequel un profond sommeil enlèverait le souvenir de ces fâcheuses aventures.

CHAPITRE VIII

*Où apparaît le profil de la gouvernante
de monsieur Tringle*

CHAPITRE VIII

*Où apparaît le profil de la gouvernante
de M. Tringle.*

La bise était vive au dehors ; mais le bonheur de se sentir délivré fit que M. Tringle oublia la froidure.

On pense avec quelle émotion

M. Tringle revit la porte de sa maison. Enfin, il allait rentrer dans ses foyers !

Il frappa, heureux de retrouver le visage de sa vieille gouvernante.

Thérèse ne répondit ni au premier coup de marteau, ni au second, ni au troisième. Alors M. Tringle se repentit d'avoir gardé le secret vis-à-vis de sa gouvernante.

Une sonnette était logée dans un coin de la porte. M. Tringle l'agita vivement, et un bruit d'espagnolette se fit entendre au premier étage. Un volet fut ouvert à l'intérieur, puis une fenêtre. Après un accès de toux, Thérèse demanda d'une voix mi-endormie, mi-inquiète :

— Qui est là ?

— Moi, dit en grelottant M. Tringle.

— Qui, vous ?

— Tringle.

— Monsieur ! Est-il possible ?

— Ouvre-moi, Thérèse !

— Monsieur n'est donc pas rentré ?

— Tu le vois bien, Thérèse, disait M. Tringle en sautillant sur ses pieds.

— D'où peut venir monsieur, à cette heure ?

— Thérèse, je t'en prie, ouvre vite !

Tout en grommelant, la vieille gouvernante ferma la fenêtre, puis le volet, et un instant de silence se fit pendant lequel M. Tringle soupira en songeant qu'il touchait au terme de ses maux.

La porte d'entrée de la rue était fermée par un gros verrou que, tous les soirs, Thérèse tirait avant de se coucher.

Il arrivait même qu'à moitié déshabillée, après avoir fait sa prière, Thérèse descendait de nouveau s'assurer que le verrou reposait dans son trou.

Avec quel ravissement M. Tringle entendit l'énorme verrou rouillé grincer dans sa targette! Un tour de clé dans la serrure de l'intérieur, et M. Tringle entrait enfin en possession de son lit; mais la défiante Thérèse ne donna pas de prime abord ce tour de clé.

La porte d'entrée conduit à un étroit corridor contigu à la cuisine, où bientôt la lumière brilla à travers les vitres. Thérèse, retranchée derrière les gros barreaux de fer qui protégent les baies du rez-de-chaussée, apparut, une main devant la chandelle, pour protéger la mèche contre le vent.

— Vite, Thérèse, vite, ouvre ! s'écria M. Tringle transi.

— Je vous croyais couché il y a bel âge, monsieur, dit-elle. Qu'est-ce qui vous prend de rentrer à deux heures du matin ?

— Ouvre, Thérèse ; je te raconterai cela plus tard.

— Voilà la première fois que cette conduite vous arrive, monsieur.

— C'est la dernière, Thérèse ; ouvre tout de suite.

— Ma parole, j'ai cru à une bande de voleurs...

— Ouvriras-tu ? s'écria M. Tringle, d'une voix pleine d'irritation.

— Qu'avez-vous pu faire dans les rues si tard ? reprenait Thérèse.

— Si tu n'ouvres pas immédiatement, je te chasse !...

La lumière disparut avec Thérèse.

Quoique morfondu, M. Tringle ne voyait pas sans une certaine satisfaction les défiances de sa gouvernante.

La maison était bien gardée.

Dans un instant, tapi sous un excellent édredon, M. Tringle, pelotonné comme une caille, sentirait la bise qui avait pénétré tous ses membres se dissiper et être remplacée par d'agréables rêves.

A la place de l'excellent édredon, M. Tringle reçut en pleine poitrine le contenu d'un énorme seau d'eau.

— Tu me le payeras, scélérate ! s'écria M. Tringle, se frictionnant, plein d'effroi et de rage.

Ce sont là de ces coups inattendus qui terrassent les caractères les plus robustes. La colère, le froid faisaient que maintenant M. Tringle restait muet, plus honteux qu'un chat tombé dans un baquet d'eau.

Décidément la maison était trop bien gardée !

Que faire ?

Avec une lueur d'espoir M. Tringle appela de nouveau :

— Thérèse ! Thérèse !

Mais le rez-de-chaussée retomba dans le silence.

— Thérèse, Thérèse ! reprit M. Tringle d'une voix suppliante.

— Tiens, sauvage ! s'écria la gouvernante.

Et une seconde trombe d'eau jaillit du premier étage sur la tête de M. Tringle, qui, pour échapper à ces effroyables douches, s'enfuit hors de lui, grelottant, poursuivi par les aigres malédictions de la vieille Thérèse qui avait aperçu à la lueur de la chandelle un être épouvantable et cornu, imitant vraisemblablement la voix de son maître, pour exercer des maléfices dans une maison où, suivant elle, M. Tringle était, à cette heure, paisible et endormi.

CHAPITRE IX

Nouvelles aventures de monsieur Tringle en pleine campagne.

CHAPITRE IX

Nouvelles aventures de M. Tringle en pleine campagne.

Morfondu, trempé jusqu'aux os, craignant d'être recouvert d'une enveloppe de glace s'il restait immobile, M. Tringle traversa la ville comme un cheval échappé.

Sans savoir où il allait, le célibataire bientôt se trouva en pleine campagne, sur une route blanche, sèche et sonore, bordée de maigres buissons qui n'offraient aucun asile.

La lune envoyait de pâles baisers aux cristallisations des brindilles des arbres et les glaçons craquaient sous les pieds de M. Tringle, qui s'écria :

— Faut-il ainsi périr!

Cependant, tout au loin, une petite lueur lui sembla la réponse de la Providence, qui ne voulait pas encore la mort d'un pécheur.

M. Tringle prit sa course dans les environs de la lumière.

— Le plus inhumain des mortels, pensait-il, ne me refusera pas assistance à cette heure !

En avançant, M. Tringle s'aperçut que cette lumière s'échappait d'une fenêtre d'un hameau, éloigné d'une lieue de la ville. Comme il connaissait les fermiers qui venaient vendre leurs produits au marché :

— Au moins, se dit-il, pourrai-je emprunter quelque chaude limousine et revenir aux Ilettes sans trop de ridicule.

Arrivé devant la première maison du hameau, M. Tringle fut reçu par un gros chien enchaîné dont les aboiements considérables ne déplurent pas au célibataire, car le bruit réveillerait nécessairement les gens de la ferme, auprès desquels il pourrait demander asile.

M. Tringle s'étant approché de la porte charretière, le dogue poussa des hurlements menaçants, qui eussent fait peur à tout autre qu'à un homme nourrissant la pensée que ces aboiements inaccoutumés feraient lever un garçon de ferme.

Le dogue se meurtrissait le cou à tirer la chaîne qui l'attachait à sa niche. La douleur autant que l'émoi qu'il éprouvait de se trouver en face d'un diable noir et rouge possédant une queue comme lui, donnait à ses aboiements une extrême violence

Jusque-là, M. Tringle considérait cette rage sans inquiétude. Pourtant le bruit de la chaîne, que vint à casser le dogue par un effort suprême, causa au célibataire une certaine émotion ; mais la porte charretière et les murailles étaient si hautes que le chien ne pouvait passer par dessus.

Cette illusion ne fut pas de longue durée. Les aboiements qui un instant s'étaient perdus dans le lointain, se firent entendre peu à peu avec plus de sonorité. Le dogue revenait sur ses pas par un autre côté de la ferme. Alors seulement M. Tringle craignit qu'après avoir fait le tour de la propriété, le chien n'eût troué quelque haie ou franchi quelque muraille basse.

Les aboiements redoublaient. A cinquante pas, M. Tringle aperçut le dogue menaçant qui accourait vers lui.

Eperdu, M. Tringle s'élança après les branches d'un arbre. Son émotion était telle qu'il grimpa jusqu'au sommet sans se rendre compte comment il y était parvenu.

Lui qui n'avait aucune agilité, était arrivé, par l'effroi du danger, à se hisser au haut d'un arbre au pied duquel le dogue aboyait, roulant des yeux sanglants, ouvrant une large gueule, garnie de crocs, tournant autour du tronc, comme s'il eût cherché le chemin qu'avait pris son ennemi.

Cramponné aux branches M. Tringle

se sentit momentanément hors de danger ; mais, la première émotion passée, le célibataire, raidi par le froid, se demanda avec terreur comment il pourrait échapper à la gueule du terrible chien dont les tournoiements avaient quelque chose de vertigineux.

L'arbre longeait le mur de la ferme ; au mur était adossée une cabane dont la cheminée laissait passer un maigre filet de fumée. M. Tringle n'hésita pas à quitter cet arbre dont le contact le glaçait. Avec une extrême prudence, il sauta sur le mur de la ferme, malgré les aboiements du chien. Là, s'étant appuyé sur le rebord de la large cheminée, M. Tringle entendit une voix de femme qui lui parut d'une douceur angélique.

Descendre par la cheminée fut un voyage plus rapide que M. Tringle ne se l'était imaginé ; s'il en résulta quelques écorniflures pour le nez et les genoux, M. Tringle tomba sans trop de mal sur un lit de cendres.

Seulement deux cris d'effroi accueillirent son arrivée.

La vachère festoyait cette nuit-là même avec un garçon de labour. Tous deux poussèrent de tels cris, que M. Tringle, effrayé, ne fit que traverser la chambre, ayant aperçu un escalier qui conduit à la cour de la ferme ; mais les aboiements du dogue continuant de l'autre côté du mur, M. Tringle, pour dérouter l'animal, ouvrit une petite porte et, après une course à travers champs, se trouva au cœur du hameau, où il commença à respirer.

CHAPITRE X

Monsieur Tringle et l'usurier.

CHAPITRE X

M. Tringle et l'usurier.

Toutes les maisons du hameau étaient plongées dans un profond silence, sauf une masure à travers les volets de laquelle s'agitait une faible lumière. La porte donnant sur la rue était entre-bâillée. M. Tringle entra, et la première chose qu'il entrevit fut un feu brillant.

— Enfin! s'écria-t-il, car il ne rêvait que flammes vives pour sécher son habit de diable.

— Est-ce toi, Pierre? demanda une voix faible qui partait de l'encoignure de la salle.

M. Tringle tourna la tête et n'aperçut qu'un grand lit carré tendu de serge sombre.

— Pierre, est-ce toi? reprit la voix plus faible encore.

Mais M. Tringle semblait changé en

statue. Assis sur une chaise basse, sous le manteau de la cheminée, il voyait avec extase l'humidité de son costume s'envoler en vapeur, chassée par la flamme petillante d'un fagot de sarments.

Un demi-jour régnait dans cette chambre, éclairée seulement par la lueur d'un *crasset* dont une huile avare arrosait la mèche.

— Pierre, reprit la voix, écoute moi. J'ai commis bien des mauvaises actions dans ma vie; tâche, mon fils, de ne pas m'imiter.

M. Tringle dressa une oreille effarée, se demandant s'il devait écouter de telles confidences ; mais son costume de diable n'était qu'à moitié sec. Dans quelques minutes, M. Tringle espérait être assez réchauffé pour sortir de cette singulière maison.

— Pierre, continua la voix, j'ai ruiné plus d'une famille. A ma mort, inquiète-toi des personnes qui m'ont souscrit des obligations ; rends-leur les billets sans en toucher le montant... C'est de l'argent mal acquis ; il te brûlerait comme il brûle en ce moment ma poitrine.

Alors M. Tringle se rappela qu'il existait dans le hameau un usurier dont la fortune s'était accrue au préjudice des pauvres gens.

— Pierre, s'écria le moribond, la justice des hommes n'a pu m'atteindre, celle du Seigneur m'accable en ce moment... Je n'ai plus de forces... Donne-moi à boire.

M. Tringle hésitait à se montrer, mais la voix suppliante demandait :

— A boire, Pierre.

Ayant décroché le crasset et s'étant dirigé vers le lit, M. Tringle aperçut une petite fiole sur la table et à côté un verre. Il versa ; mais l'odeur du tonique formé de vin et de quinquina semblait si ragaillardissante que M. Tringle n'hésita pas à goûter à cette liqueur, comptant toutefois en garder assez pour le malade repentant.

Il avait à peine posé ses lèvres aux bords de la fiole que la porte s'ouvrit, donnant passage à un prêtre, au notaire, et aux voisins que Pierre, le fils du malade, avait prévenus des derniers moments de l'usurier.

Effrayé, M. Tringle laissa tomber la topette.

Tous poussèrent un cri, se croyant en présence de Satan lui-même, qui avait profité de la solitude du moribond pour s'emparer de son âme.

— *Vade retro!* s'écria le curé en lançant de l'eau bénite à la figure de M. Tringle.

M. Tringle n'attendit pas cette adjuration. D'un bond il passa par dessus le notaire, qui ne put que lui donner un coup de la serviette de cuir dans laquelle étaient préparés les papiers testamentaires.

Le fils du mourant était trop accablé de douleur pour agir; mais les voisins se mirent à la pourchasse de M. Tringle, qui, grâce à la chaleur du foyer, avait repris quelques forces, car il n'eût pu échapper à la poursuite des paysans.

S'étant retourné pendant sa fuite, M. Tringle aperçut des gens armés de gaules et de fléaux, et il pensa combien il lui serait difficile de se soustraire à l'assommement que lui faisaient présager ces armes.

Un petit bois touffu domine la route à une demi-portée de fusil du hameau. M. Tringle fit un dernier effort pour y arriver ; il lui semblait que ce bois serait pour lui un endroit inexpugnable où ses ennemis ne pourraient l'atteindre.

Ayant respiré fortement, M. Tringle allongea le pas et se jeta dans le bois, sans craindre de se déchirer aux ronces et aux épines qui en défendaient l'entrée ; mais toujours sur le pavé de la route résonnaient les souliers ferrés des paysans.

Haletant comme une biche poursuivie par une meute, M. Tringle tournait dans le bois, frémissant des cris de meurtre qui se faisaient entendre de tous côtés.

Une sombre mare, couverte de larges glaïeuls et de nénufars, se rencontra sur sa route. M. Tringle s'y jeta au risque de se noyer. Ayant dépisté ses ennemis, qui longèrent en courant le bord de l'eau, sans songer que celui qu'ils poursuivaient s'y était réfugié, M. Tringle put sortir la tête de l'eau, respirer et constater que les paysans suivaient une fausse direction, n'ayant pas amené de chiens qui pussent flairer sa piste.

CHAPITRE XI

*Aventures extraordinaires
qui ont nécessité
la gravure d'une carte spéciale.*

CHAPITRE XI

*Aventures extraordinaires
qui ont nécessité
la gravure d'une carte spéciale.*

Blotti dans l'embrasure d'un vieux saule dont la chevelure formait ombrage au-dessus de la mare, M. Tringle, frissonnant de froid et de terreur, se dit qu'il n'échappait d'un danger que pour tomber dans un autre.

Un nouvel élément, l'eau, venait se joindre à son terrible confrère, l'air, pour accabler le célibataire de nouvelles rigueurs. Une pleurésie était le moindre des maux qui pouvaient atteindre M. Tringle.

Cependant les paysans s'étaient éloignés. M. Tringle, couvert de vase, sortit de la mare; après s'être essuyé avec les larges feuilles de nénufar, il reprit sa course dans ce bois touffu qu'il maudissait.

Tout au loin, sous les arbres, pointait un petit jour qui annonçait la lisière. Après une marche forcée, M. Tringle se trouva en plein pâturage où un troupeau de bœufs, broutant une rare herbe, le regardaient avec des yeux étonnés.

Des brebis paissaient en paix autour d'une cabane de berger, qu'en ce moment M. Tringle regardait comme un palais. La porte était ouverte, le berger sans doute sorti. M. Tringle n'hésita pas à traverser le pré pour gagner la cabane. Les bœufs, d'humeur pacifique, s'écartaient et regardaient ce diable qui, vu par leurs gros yeux, devait prendre des proportions démesurément fantastiques.

Tout à coup un immense mugissement se fit entendre !

M. Tringle avait compté sans le taureau. Mis en émoi par la couleur rouge du costume, l'animal apparaissait avec des intentions menaçantes.

Une sueur froide parcourut tout le corps de M. Tringle, qui resta cloué sur place.

On attendrit les cœurs les plus farouches, on n'attendrit pas un taureau.

Celui-là s'avançait queue battante, œil enflammé, avec un aspect de bestialité brute et féroce, un front carré solide comme une muraille, des cornes courtes et trapues, poussant un cri de guerre semblable à celui du sauvage qui va scalper son adversaire.

Fuir, il n'était plus temps ! M. Tringle était entouré des bœufs qui semblaient attendre le combat et jouir du triomphe de leur chef.

Au premier coup, le taureau manqua M. Tringle, qui, malgré sa terreur, remarqua que la féroce brute, dans le dessein de lui traverser la poitrine, baissait la tête.

Ayant parcouru le cercle formé par les bœufs sans y trouver de défenseur, M. Tringle, toujours poursuivi par le taureau, eut assez de présence d'esprit pour empoigner ses cornes ; et, au moment où l'animal baissait la tête, croyant éventrer son ennemi, il sauta sur son dos.

Le taureau poussa un tel beuglement de rage que les bœufs se reculèrent pour permettre à la colère du roi du troupeau de se donner carrière.

Alors l'animal bondit, se dressa sur ses pieds de derrière, ainsi qu'un cheval irrité qui veut se débarrasser de son cavalier. Mais M. Tringle était accroché aux cornes comme s'il y avait été vissé. Quoique meurtri par de violents soubresauts, il résistait aux ruades, aux sauts de côté de cette féroce bête.

Poussant un dernier cri de rage, qui attira le berger, le taureau huma l'air, fit un tour sur lui-même et, excité par les cris du gardien du troupeau qui criait : — *Hé! Froument!* l'animal couleur de froment partit dans une course désespérée, renversant sur son chemin les jeunes arbres, foulant aux pieds les branches, sautant les fossés.

Ainsi il traversa le hameau, déjà mis en émoi par la précédente apparition de M. Tringle.

C'était l'heure à laquelle les paysans vont aux champs.

— Le diable ! voilà le diable ! s'écrièrent les hommes et les femmes, les vieillards et les enfants.

Le taureau galopait toujours.

Bientôt M. Tringle entendit la cloche d'alarme du hameau. A cette clo-

he répondit celle du village voisin,
t les habitants croyant que le feu
xistait dans les environs se répan-
aient sur les routes.

Du regard ils interrogeaient l'hori-
on et n'apercevaient au loin qu'un
avalier lancé au triple galop appor-
ant sans doute des nouvelles ; mais si
es yeux s'ouvraient, les portes se feraient quand les paysans reconnais-
aient que celui qu'ils croyaient un
essager n'était autre qu'un diable en-
ourchant un taureau exaspéré.

La cloche d'alarme redoublant

réveillait les cloches des alentou
qui emplissaient l'air de leurs sinistr
accents.

Un glas de détresse réveillait l
échos des alentours qui d'habitud
répondaient aux chants des bergers.

Sans s'inquiéter de l'effroi des échos
M. Tringle parcourait vallées et montagnes, traversant des rivières sur le
dos de sa redoutable monture, q
quelquefois s'arrêtait court, batta
l'air de sa queue convulsive, lança
des nuages de vapeur par les naseau
et reprenait sa folle course.

M. Tringle ne sentait plus so

rps. Il avait conscience seulement
u'il périrait percé de part en part
'il lâchait les cornes de l'animal.

Ainsi l'homme et l'animal traversèrent :

Cormicy au vieux château ;

Ciry-Germoise, célèbre par ses ré-
oltes de maïs ;

Leschelles, dont les étrangers admirent les grottes profondes ;

Grandvilliers, connu par son petit
n aigrelet ;

La Bonneville, dont les habitants
ont hargneux ;

Courpont, coupé en deux, aujour
d'hui par un long pont ;

Saint-Pierre-au-Marché, qui fourn
de gaillardes servantes ;

Coulombiers, d'où les marchand
tirent de si doux fromages ;

Les Ormes, une bourgade perdue
dans le feuillage ;

La Tricherie, ainsi nommée par une
célèbre partie de dés entre deux sei-
gneurs au moyen âge.

Mais M. Tringle avait autre chose
penser qu'aux antiquités, aux récoltes,
aux souvenirs historiques, au bon vi
et aux fromages.

Toute son attention était portée vers les cornes du taureau qu'il serrait convulsivement, sans se douter qu'il laissait dans les villages de tout le canton une légende qui devait prendre d'énormes proportions.

Il est certain que des flammes singulières s'échappaient des yeux du taureau, mis en fureur par ce cavalier qu'il ne pouvait désarçonner, tout chétif qu'il fût.

Plus d'une légende doit son origine à des faits moins palpables.

Cette fois, le diable fut vu par des centaines d'individus qui pouvaient attester le costume, les cornes, la course furibonde à travers champs, prés, récoltes, ruisseaux et rivières, le diable et sa monture n'étant arrêtés ni par les pierres, ni par les coups de bâton, ni par le son du tocsin, ni par les pieux lancés sur leur passage.

CHAPITRE XII

Ce qu'on pensait dans la ville de la disparition de monsieur Tringle.

CHAPITRE XII

*Ce qu'on pensait dans la ville de la
disparition de M. Tringle.*

Le lendemain du jour où M. Tringle eut la malencontreuse idée de s'habiller en diable, il en résulta une émotion considérable dans la ville des Ilettes.

Thérèse se leva de grand matin pour conter à son maître l'épouvantable vision de la nuit. Après avoir frappé discrètement à la porte de la chambre à coucher du célibataire sans en recevoir de réponse, la vieille gouvernante ouvrit et se sauva effrayée en apercevant le lit encore bordé.

Pleine de terreur, elle fit part de cette aventure aux servantes de la rue Tire-Lire, qui en répandirent le bruit rue du Chat-Bossu. La nouvelle circula sur la place des Belles-Femmes, pour de là être colportée dans la rue du Petit-Credo. Les gens de l'impasse

Glatigny en firent part aux habitants de la ruelle des Oiseaux ; alors la nouvelle circula dans toute la ville, et chacun se redit la fâcheuse visite de M. Tringle à la famille Brou, ainsi que sa disparition.

Que pouvait être devenu M. Tringle ? Tel était le cri général pendant qu'à cette heure accroché au taureau, le célibataire répandait la terreur parmi les populations voisines.

Certains pensèrent que M. Tringle, honteux de sa mésaventure, s'était peut-être livré sur sa personne à quelque acte déraisonnable; mais l'existence tout entière du célibataire protestait contre la probabilité de ces violences.

Cependant de si nombreux dégâts avaient été commis dans la ville la nuit précédente, que les principaux magistrats s'assemblèrent chez le sous-préfet pour ouvrir une enquête.

Les habitants, effrayés par les récits de Thérèse, enfouissaient leur argenterie dans les caves. Il semblait certain qu'un être malfaisant s'était emparé de la personne de M. Tringle, laissant sur son passage de nombreuses traces de dévastation.

La commission, composée du com-
issaire de police, du juge de paix, du
aire et du sous-préfet, fit annoncer
son de tambour un avis pour or-
onner aux citoyens la fermeture des
ortes à la nuit tombante. On atten-
it au lendemain pour convoquer la
arde nationale.

Quant au perruquier Chabre, il se
ésolait plus encore de la perte de son
ostume que de la disparition de
. Tringle. Mélancoliquement assis
ans sa boutique et regardant les fio-
s d'huile de Macassar et d'huile an-
que que les rayons d'un mauvais

quinquet piquaient de points lumi
neux, il était blessé de la joie q
manifestaient les galopins de la vil
qui se donnaient rendez-vous deva
cette montre merveilleuse où étaien
étalés des masques de carton bizarres.

Les voisins groupés autour de Chabre, cherchaient à consoler le perruquier, qui, d'une voix altérée s'écriait :

— Il faudrait être sans cesse sur s
gardes dans le commerce. M. Trin
gle n'a pas seulement laissé d'arrhes
Qui payera mon costume ?

En ce moment, les carreaux volèrent en éclats, et une sorte de trombe urieuse entra dans la boutique, renersant quinquet, essences, pots de ommade, plats à barbe.

Au dehors mille voix criaient :

— Arrêtez ! arrêtez !

Un groupe de paysans se ruait ans la boutique à la poursuite du aureau furieux, qui, pourchassé à coups de fourche, était entré dans la ille et ramenait dans ses foyers le élibataire meurtri, sur le corps duuel il restait à peine quelques lameaux de l'habit de diable.

La foule allait toujours s'amassant sans se rendre compte de l'événement. Les uns croyaient la boutique de Chabre renversée par un tremblement de terre; les autres, entendant le rappel des tambours des pompiers, se disaient qu'un incendie menaçait la ville. C'étaient des propos inutiles, des paroles sans fin, de sinistres exclamations qui ne trouvaient que trop d'échos dans la foule.

On vit poindre une grande lueur au bout de la rue.

Les pompiers accouraient, portant des torches et entraînant sur leurs pas les habitants épouvantés. Dans la rue, les voisins ouvraient leurs fenêtres et descendaient à demi habillés en gémissant :

— Hélas ! la boutique de Chabre est défoncée !

Les gamins, pleins de joie, parcouraient la ville criant :

— Au feu ! au feu !

La ville des Ilettes, d'habitude si tranquille, semblait en proie à l'incendie et au pillage.

Il fallut l'intervention des autorités pour isoler la boutique du perruquier et y ramener l'ordre.

Alors à la lueur des torches apparut, caché sous le comptoir, M. Tringle qui n'avait plus figure humaine. Barbouillé de suie, son habit de diable en lambeaux, une corne pendante, il s'écriait :

— Grâce ! grâce !

Le taureau, reconnaissant la voix de son terrible cavalier, semblait répondre par un énorme beuglement :

— Pas de pitié !

Le commissaire de police étant entré, le célibataire s'échappa des mains des paysans, qui ne pouvaient croire qu'ils avaient affaire à un être humain.

— Sauvez-moi, monsieur le commissaire, je suis Tringle, s'écriait-il !

Alors seulement, quoique les autorités conservassent une certaine défiance, le spectre qui prenait le nom du célibataire fut conduit sous bonne escorte en face de Thérèse, qui enfin voulut bien reconnaître son maître ; mais à la suite de cet événement, M. Tringle passa de longues nuits pleines de remords où lentement défilaient un à un les propriétaires, les boutiquiers, les servantes, les fonctionnaires publics et les magistrats vis-à-vis desquels il s'était rendu coupable de dommages pendant la soirée précédente.

Pour avoir brisé la tête de saint Crépin et la lanterne du commissaire;

Pour avoir cassé les sonnettes et jeté les seaux dans les caves;

Pour avoir démantelé le long fusil de bois et les grandes lunettes;

Pour avoir troublé le repos des dames pensionnaires de la sage-femme,

M. Tringle était châtié!

Voilà où l'avaient conduit les exactions, les dommages envers le prochain, la violation de la propriété, le préjudice causé à d'estimables concitoyens.

Quand M. Tringle guéri put reprendre sa vie tranquille, il lui fallut indemniser le propriétaire du taureau pour l'avoir fourbu.

Les paysans réclamèrent des indemnités considérables, tant étaient nombreux les dégâts commis dans la campagne.

Chabre envoya une forte note pour les réparations de son costume de diable. Ce fut une occasion de faire remettre sa boutique à neuf aux frais du célibataire qui, accablé de ridicule, dut renoncer à l'espoir d'obtenir la main de Mlle Brou, qu'il ne convoitait que par intérêt.

FIN

LES

MODESTES MUSICIENS

LES
MODESTES MUSICIENS

Le *premier violon* se dit : — Que je suis bien placé en avant de l'orchestre, pour que les femmes admirent mon col rabattu, mes grands cheveux et le démanché qui permet à ma main de se jouer librement hors de mon habit. Je ne ferais peut-être pas mal de porter des manchettes plissées.

La *flûte* se dit : — C'est une injustice de me mettre au second rang. Le public me voit à peine. Pourtant la flûte est tout dans un orchestre. Quand je joue un solo, on m'applaudit à tout rompre. Certainement le public adore la flûte.

Le *violoncelle* se dit : — Je nourris

l'orchestre et moi seul sers de lien à tous ces maigres violons derrière lesquels on me relègue. Ah! si le public pouvait suivre mes travaux, il avouerait que le violoncelle est le premier des instruments.

Le *hautbois* se dit : — Mon timbre mordant corrige la fadeur de cette brute de clarinette. Toutes les fois que je fais entendre l'écho vibrant dans les montagnes, le public se pâme d'aise.

Le *trombone* se dit : — Chacun sait que je suis la force de l'orchestre. Le cuivre hennit et couvre ces pauvres instruments de bois, qui ont besoin de se mettre quinze ensemble pour produire à peine un chétif effet. Moi seul je vibre, et tous, dans la salle, regardent d'où part cette robuste vibration.

La *petite flûte* se dit : — Le beau mérite de faire du bruit avec un ophicléide ! Avec mon petit sifflet, j'égaye l'orchestre et on m'entend par-dessus tous mes confrères.

Le *basson* se dit : — Je suis désillusionné, je n'ai rien à faire. J'ai envie de dormir.

Le *cornet à pistons* se dit : — Tous ces fous qui dansent la tête en bas, les pieds en l'air, ces jeunes dames qui tiennent leur jambe au port d'armes, n'obéissent qu'à moi. Je suis l'entrain, la joie, le piment de la contredanse.

Quand ces demoiselles viennent, entre les quadrilles, faire un tour dans la galerie, c'est pour voir de près le joli cornet à pistons.

Le *second violon* se dit : — Les compositeurs ont bien tort de n'écrire pour moi que des arpéges. Si je chante à l'unisson avec le premier violon, le public ne se rend pas compte qu'un passe-droit m'a placé à une position inférieure.

Le *cor* se dit : — Le beau temps où M. Plantade écrivait *Emma, j'entends le cor!* Alors, en face du piano, je me montrais avec les meilleures cantatrices. Et chacun s'écriait : « Le cor est le roi des instruments. »

Le *tambour* se dit : — J'ai cru tout à l'heure que j'allais exciter une émeute pendant le quadrille. Les danseurs avaient perdu la tête à la dernière figure. Mes roulements avaient enflammé leur sang. Ce n'était plus une danse, c'était une charge de cavalerie.

Décidément, il n'y a que le tambour pour donner du montant au quadrille.

Le *chef d'orchestre* se dit : — Tous ces musiciens sont pleins de vanité. Ils s'imaginent être quelque chose quand seul je peux leur communiquer ma flamme. Le public sait quelle peine je me donne pour lui être agréable. Si on applaudit, c'est à moi que s'adressent les applaudissements. Moi seul suis maître de faire recommencer le morceau qu'on redemande. Dans un orchestre, il n'y a réellement d'être important que celui qui remue des flots d'harmonie avec un signe de son bâton. Il faut que tous ces musiciens à quatre-vingts francs par mois se mettent bien dans l'esprit qu'il n'y a ici qu'un homme qui a le droit de porter haut la tête, moi, le chef d'orchestre.

FIN

TABLE

Dédicace...	I
Préface...	V
Chap. Ier. — Projets et méditations de monsieur Tringle..	1
— II. — De l'entretien qui eut lieu chez le perruquier Chabre et de ce qui s'ensuivit.......................................	13
— III. — Bizarre conduite de monsieur Tringle en pleine rue..................................	27
— IV. — La soirée de madame Brou............	37
— V. — Aménités des dames Brou............	55

Chap. VI.	— Quel effet le déguisement de monsieur Tringle produisit sur monsieur Brou.	63
— VII.	— Ce qui se passa sur le palier de monsieur Brou....................	71
— VIII.	— Où apparaît le profil de la gouvernante de monsieur Tringle	83
— IX.	— Nouvelles aventures de monsieur Tringle en pleine rue................	95
— X.	— Monsieur Tringle et l'usurier........	107
— XI.	— Aventures extraordinaires qui ont nécessité la gravure d'une carte spéciale.	119
— XII.	— Ce qu'on pensait dans la ville de la disparition de monsieur Tringle....	135

Les modestes musiciens................ 151

Pour paraître à la fin de l'année :

CHAMPFLEURY

SCÈNES
DE LA VIE
ACADÉMIQUE

Un volume in-8°

entièrement inédit

SOUS PRESSE

POUR PARAITRE PROCHAINEMENT

CHAMPFLEURY

Histoire des faïences patriotiq **sous la Révolution.** — Un volume gr in-8° avec 80 spécimens gravés.

Le poëte Puce, suivi d'autres contes. — Un volume in-18.

L'Imagerie populaire en France. — Un volume in-18 avec de nombreuses planches.

L'Hôtel des commissaires-priseurs. Un volume in-18.

En vente à la librairie DENTU.

CHAMPFLEURY

ISTOIRE DE LA CARICATURE

ANTIQUE & MODERNE

Deux volumes grand in-18 avec plus de cent cinquante vignettes.

Chaque volume se vend séparément 4 fr.

Cette collection sera continuée, et

quoique le Moyen âge, la Renaissance, la Réforme, la Ligue, la Révolution et la Restauration soient traités avec un certain développement, l'ensemble de la publication ne comportera pas plus de cinq volumes.

Paris. — Imp. Vallée, 15, rue Breda.

DU MÊME AUTEUR

POUR PARAITRE PROCHAINEMENT

SCÈNES DE LA VIE ACADÉMIQUE. 1 vol. in-8 (*inédit*).

HISTOIRE DES FAÏENCES PATRIOTIQUES SOUS LA RÉVOLUTION. 1 vol. gr. in-8, avec 100 spécimens gravés.

LE POÈTE PUCE. suivi d'autres Contes. 1 vol. in-18.

L'IMAGERIE POPULAIRE EN FRANCE. 1 vol. in-18, avec de nombreuses planches.

LA POÉSIE POPULAIRE EN FRANCE. 1 vol. in-18.

L'HÔTEL DES COMMISSAIRES-PRISEURS. 1 vol. in-18.

LES CHATS, illustrés de dessins des meilleurs maîtres. 1 vol. in-8

EN VENTE

A LA LIBRAIRIE DENTU

HISTOIRE DE LA CARICATURE ANTIQUE. 1 vol. gr. in-18, contenant 100 vignettes. — 4 fr.

HISTOIRE DE LA CARICATURE MODERNE. 1 vol. gr. in-18, contenant 100 vignettes. — 4 fr.

EN PRÉPARATION

HISTOIRE DE LA CARICATURE AU MOYEN AGE, SOUS LA RENAISSANCE, LA LIGUE, LOUIS XIV, LA RÉPUBLIQUE ET LA RESTAURATION. 3 vol. gr. in-18, avec de nombreuses vignettes.

Paris. — Imp. Vallée, 15, rue Breda.

www.ingramcontent.com/pod-product-compliance
Lightning Source LLC
Chambersburg PA
CBHW071949110426
42744CB00030B/661